U0069393

菩提心語（Ⅱ）

花雨

一無　著

關於一無

來自不可知處的過客，偶然到此一遊，和你一樣經歷生命中的憂悲苦惱，看盡人生百態，深切體悟人生無常之道，發憤找出人人本具的光明自性，自我解脫，於是決定用一生找尋自己的落腳處，願做一名心靈行腳僧。

尋常一樣平凡無奇的人事物中，要靜觀參悟宇宙人生之道，不斷內觀自照，不斷放下與超越。總以無盡的宇宙為心之歸所；以自然無為之道為導師；以戒定慧三學過生活；以二十四時觀照來精進；並以智慧利劍向自己猛揮，誓言斬盡一切無明枷鎖，讓光明耀顯。

摩尼寶珠人人本具，莫要遺忘，向人索討。只需向內觀照，用智慧明燈找一找，那舉手投足中、呼吸間、念頭未起處、動靜之中，是清淨覺照之機用。勿錯失觀照，一有觀照，便無雜念；若有雜念，是失觀照，只需警覺繼續觀照即可，勿操之過急。然也絕無懈怠推託之詞，須時時鞭策、惕勵自己，走向無盡無邊，越來越自在，越來越放鬆，越來越警覺，越來越喜悅，越來越寧靜……無法言語道說的如實境界！

話語有盡，境界無邊；修行只在放下與觀照，要能全然放下、時時觀照，才能發生真實受用，達到內外一如，而無內外之別。其用功之道，即放下再放下，直到沒有什麼可以放下了，就放下了你我；觀照再觀照，直到沒有東西可以觀照了，你已成了觀照，於是放鬆在觀照裡，觀照成了呼吸般自然，再也沒有人在那裡，獨留清淨覺知而已！

目錄

一無頌

一無心中無言說
萬有世界任遨遊
浮生若夢錯中錯
極樂世界放下有

智慧心海奧妙多
波浪亦水水亦波
千變萬化從空現
無心無水亦無波

道無可道法自然
一切如如思慮亡
法及非法皆應捨
一念真如已離染

水無高下心高下
地無不平人不平
我為人人人為我
無我無人無眾生

無言的溝通

不需要話語也能心領神會
才是真正的溝通
不需要費盡唇舌
冀望對方了解

百川匯流江海
春臨花開　冬至凋零
一切順乎自然
何曾有言語

人與人若此
則真能 交流溝通
靈性交融
真知音也！
而知音難遇
百千年來不也只曾聽聞
鍾子期之與伯牙嗎？

孤獨的旅程

獨自　走在
荒涼的無名小徑
沿途披荊斬棘
歷盡辛酸
笑聽　風聲呼呼
偶爾
伴隨雷雨陣陣

只為
覓一處幽境
無世事喧擾
無車馬奔騰
終年尋找　卻尋不著
忽停歇
滿園鵲鳥
報春到

真正的死

真正的死，是　心死
身體和四肢
無法使喚
只看到　心靈深處
絕對的靜寂
沒有情緒
也無半句話語
就只是深深的死去

猶如枯木凋零

只見　葉落
一片又一片
無聲無息
時間也凍結
再也聽不見
歡笑與嘆息
獨留一片　觸摸得到的
——靜寂

無心

風邀樹葉起舞
曼妙的舞姿
窸窸窣窣
浪漫了一個假日下午
和煦的陽光也湊著熱鬧
教那冷冷的人兒
多幾分可人模樣
似乎——
冷冷清清的世界
猶透出一絲希望

無憂

天無際，地無垠
生死波濤翻滾
慾海無邊
無始顛
何忍——
觀！
世界
因你生
亦因你滅
一花一草一木
來自種子
而人們——
卻緣於煩惱

心曲

輕撥一湖清澈
靜賞一山翠綠
一呼一吸
都足以擾亂這般美景

心曲

少一分共舞的狂喜
多一分靜謐的氣息
風起浪興
風平浪靜
不隨風浪翻騰
靜觀此番美景

單獨

跋涉千山萬水
數不盡的
白天與黑夜
披星戴月
沒人相陪
天涯路
踽踽行獨
笑和淚、喜和悲
夢一場、終不悔
不可言、妙無邊
真理路、處處顯
呼吸間
了了分明
單獨
久久遠遠
猶聽得笑聲天地間

單獨去飛

你陪我走了一半，
以為將有柳暗花明的喜悅；
誰知一切，不過是場
「空無」的盛宴。
感謝老天，把我的「幸福」帶走，
不讓我——只是陶醉；
所有的一切
不去揀選，
所有的一切
自然呈現。
唯一能做的，是——
深深去探索自己
那兒有無限廣闊的天
和未知的世界，
單獨去飛
再沒有人陪！

心很藍

我的心
很藍很藍，
藍得像
望不見底的天，
喜悅恰似片片白雲，
把天空
裝扮得好美好美。
滿地都是
花花綠綠
亮得刺眼；
我喜歡天，
輕輕鬆鬆、
簡簡單單；
我喜歡看
天天天藍、
心心心歡！

播種

把一顆真愛的種子
埋在心田裡
好深好深的角落。
決心用一生守候，
小小的種子
我要細心呵護妳
直到永久！

活在當下

想坐下來的時候
不要站著
想動的時候
不要停在原地
有太多的藉口
似是而非的理由
將你一層層包裹
讓你樂此不疲
一次次迷失自我

只是看著

付出了真情
似　潑出去了的水
再也收不回
勉強去收
只讓自己陷入窘境
只顯現自己的愚蠢
等　時間——
分秒流逝
等　水——
自然蒸騰
而我　只是看著
做一輩子　只願做　只能做的一件事
只是看著

謝天

偌大的藍天
浪漫的雲海
給我愛和自由
我——彷彿存活在世俗裡
卻不屬於這世界的
那朵蓮
好想　向天
大喊一聲：我愛妳

神祕的夜
總在太陽餘暉下
在人們不經意中
亮麗登場
我——是那期待的觀眾
渴望著今晚
精采的演出
啊——無暇的月
好想　向天
大喊一聲：我愛妳

靜觀自得

聽自己的聲音
就好
看自己的內心
就好
等她　漸漸地沉寂下來
彷彿
那被攪動了的 一湖秋水
終於澄淨
可以
映現山河大地

祝福

看著你
一句話也無
只能輕輕祝福
人生的路　起起伏伏
各奔殊途
看清
何方是歸處
追尋
喜悅與單獨
看著藍天
一句話也無
只能輕輕祝福

浮生如夢

漂浮在遠山頭
朦朦朧朧的是——夢
流連忘返的是
各式各樣的——執著
歡喜也罷
愁悶也好

山野裡
一聲長嘯
空氣裡
茶香繚繞
浮雲片片
瀟灑而過

把我的一切
輕輕帶走
沒有言詞　讚嘆你的美
只有陶醉
將妳　深深　深深地
印在心裡面

笑！就是陽光

陽光溫暖地灑落
灑落在你
　　快樂的臉龐
灑落在我
喜悅的心上
看著花——
　　花兒對我微笑
看著草——
草兒正對我搖
看著樹——
樹兒招手把我擁抱
啊——原來
笑　就是陽光
只要開心笑一笑
一花　一草　一木
就會變得無比美妙

絕對單獨與喜悅

說和沒說
結果相同
說了沒人懂
說了沒人認同
說了有人笑痴
說了有人批評
說了有人曲解
說了有人不予置評

說了等於沒說
沒說才真的說了
因為　真相
不可說

這——
真是一個單獨的世界
絕對單獨而喜悅
沒有一個人可陪

生命只是一場空

就算是小小的心願
也難以滿足——是不知足
還是不夠仁慈？
宇宙生命　剎那生滅
何況悲喜？

唯一不變——就是變異
唯一不動——就是真心
世人不識，凡事追逐
築一個個不實之夢
讓虛幻夢境，驅勵向前

生命似乎踏實了
心情似乎快樂了
夢想似乎成真了
人生似乎完美了
別人似乎羨慕了

等待——氣力耗盡
等待——記憶遠離
時間——有的是
無止盡的長河和等待！
等待生命的盡頭，
你的一切一切努力
只換得一場空

那些——
一點一滴
一步一步
一天一天
苦心經營的　你以為有用的一切
生命——將展現真相
所有的一切
只是一場空！

真相

天真——是全然的別名
天真的人
有滿心光明、
有一些痴傻
和一份塵世少有的　狂喜。
有一顆透明的心——
敏感細膩卻易碎的心

明知　驚濤駭浪
仍欲力挽狂瀾
明知　懸崖深淵
仍願縱身一躍

終有一天　能明白
自己箇中滋味

忘了

忘了你的名字
因為——
我早已忘了自己

有一個這樣的時空
——只有無盡的空
——無盡的滿足
——無盡的感恩
有一個這樣的時空
只有存在著說不出的
永恆的喜樂

醒來吧

是的　你不知道我
因為　一切都被忘了
似乎像是非常　非常遙遠的星空
不再追憶　不再憧憬

你窮盡一生的努力
其實　只是一場夢
拿出一點勇氣
認真看清楚吧

醒了　就是醒了
沒什麼好說的
做著夢的人
也終將有醒來的一天

愛之火

愛　是你心中的一把火
她可以給你
光明

愛　是一把危險的火
如果沒有
靜心觀照

心要靜　化成愛
灑落滿天的喜悅與花朵

敞開——再——敞開
接受——再——接受

看著愛——
真正的愛
是真誠、全然、自由、喜悅、滿足
真正的愛
是宇宙萬物、是充滿的空、是一切奧祕

空空如也

天也空，地也空，
來來、去去盡皆空，
心也空，情也空，
生生、滅滅如夢中；

空性中，愛相從，
一呼一吸源自空；
非動亦非靜，
不死亦不生。

非空之空、
不空亦空，
空空如也！

無相偈

眼耳鼻、舌身意
六根淨；
色聲香、味觸法
六識幻；
失根則無依！

人我滅
　　時間無，
光遍野
　　幽暗除。
我相、人相、
眾生相、壽者相
一切皆無。

無徑之道

不要說——無路可退
地球的形狀是圓的
不要走——平坦大道
山間的小徑才美

不要隨人起舞
那不過是迷失
不要學人言說
那只是鸚鵡

陀螺轉呀轉
連停止都不能做主
學會自己做主
就要靜心看清楚
沒有一個人　喚做我
沒有一件事　需要執著
不要把情愛　變成枷鎖
心存感激　無所求
老子之道　古今有
喜悅自在　瀟灑走

活下去

不論如何
要找一條感恩的路
自己往前走
不讓自己有任何藉口
逃避懦弱的自我
不管你有任何的一絲想法
都不是真正的你
放棄所有想法
你也可以平靜無憂的活下去

修行的條件

如果有　必然是勇氣與決心了
因為　那條路　其實是深淵
空　怎麼有底　怎麼有止境；
那條路　其實是冒險
空　怎麼還想取有　怎麼還有我存在，
你將失去一切
並且連失去的念頭都不存在！
那條路　是臨深淵的小徑　只容一人
靜心、警覺、戒慎恐懼地獨行
處鬧市　仍不動心
人群中　如同閉關
堅決走一條消失的途徑
唯心的道路
千古來
數不盡的智者走過

銅板的兩面

見著了利益　別忘了
損害將如影隨形
歡樂的深處
淚水正聚積
路的盡頭　就是柳暗花明
銅板的兩面
只是必然的循環
不信　去細細端詳宇宙萬象
不信　去觀察周遭事物變化
起心動念　都在兩面中打轉
那是無明　將會輪迴循環

丟棄那銅板
你將頓悟
你是自由、廣大、喜悅與創造
那是迎向不可知的
光明

噓——

寧靜的月
正輕聲的呢喃

湖面的水
正優雅的舞動

水畔的柳絲
不甘寂寞的唱起歌

噓——我要簡簡單單
不要這麼大費周章

錯誤之道

想到自己的良善
已一步步邁入
錯誤之道
說著自己的觀點
已陷入頭腦的陷阱
什麼都不知
什麼都不說
你是誰
誰是你
說得出一句
已錯得離譜

無知之美

飽學之士
滿腹經綸
像一個個填充的玩物
請問　哪一句是你真心的言論
肚子裡填得滿滿
外表巍然莊嚴
卻少了笑聲
沒了精神
不如無知之美
要說便說
要笑便笑
肆情撒野

錯誤的目標

追求成功
其實在埋下失敗的種子
忘了追求
警覺於當下
活在每個瞬息萬變中
就有一種不執著的享受
那才是生活的目標——
沒有目標

沒有目標
才有自由與灑脫
所謂的成功
與生命背道而馳
將是一個個錯誤的目標

虛空

晴空萬里　勿喜
漫天烏雲　勿憂
彩霞滿天不過片刻
雷雨交加也非恆久
　　此時此刻
　　無風無浪
　　心海平靜
那是虛空
遠在天際
近在方寸
包容一切雲朵
超越一切顏色

力量

放下一切
是最勇敢、最有力的
雖然——
那些能被放下的
都是虛幻不實
然而　不放下
就見不到真實
這樣似非而是的道理
誰能明瞭？

選擇

生命的實相
是不選擇的
誰能選擇
如何生？如何死？
幾時刮風？幾時下雨？

境遇的好壞
究竟誰在選擇？
如果來自於你的抉擇
已經是污染和執著
就像包裹著彩衣的藥丸
裡面依然苦澀

永遠都是我的錯

不是別人欺我太甚
是我退得不夠多
不是別人刻薄
而是試鍊我的寬厚
一旦眼中
沒了別人
自己也消失了
那時才能與自然融合

無常

無常是天地的道理
自然的循環
那麼　你堅持的
那一些規則和道理
一點也沒有道理

無常之道
自有因緣
自有平衡
自有你所不解的道理
千萬別再堅持　你的道理
你的身體和話語
只是無常的現象而已

愛的別名

自由——
是愛的別名
雖然　那令你
有一點點擔心和受傷
其實　真愛就是這番面貌
像無底的深淵
是無盡的空
所需要的是
勇氣與智慧的雙翼
便能享受
自由的翱翔

不必道歉

一再的道歉
遠比不上內心的懺悔
真正的懺悔
融入在每個細胞裡
流露在眼神中
全然忘了自我
要給　就給出全部的歉意
要說　就只有無言
那樣的道歉
才有真誠
連宇宙都聽得見

沒了心

沒了心
眼睛就瞎了；
沒了心
耳朵就聾了；
沒了心
手腳就殘了！

有了心
還要放下心，
在深深的靜心中
眼睛看見了，
耳朵聽到了
手腳和諧了
那時　你就會漸漸清醒了

登山

登高必自卑
行遠必自邇
一步步歡喜
念念都感恩
不同的高度
不同的風景
不要眷戀
戮力向前
修行如登山
各有境界
不同言說
各有因緣
登峰造極時
唯兩袖清風

愛的極致

愛——擁有
強大的力量
那是慈悲與包容
看著愛
就有了光明
知道了方向
愛告訴人們
捨就是得
失去就是擁有
在愛裡面
一切都滿足、合一了

單純

放下取捨貪愛
然後看
眼睛清淨了
彷彿混濁的泥水
污泥已沉在底下
貪心就是污泥

要觀照六塵
不染六根
於日常作息中
勇猛精進
才能契入大道
成一個單純的人

淨土在心中

心靜則國土靜
不要天外覓天
靜中求靜
一念不思
當下即是清靜

拂塵　除垢
塵垢 乃念頭自妄心生起
觀照虛妄
虛妄無本體
塵垢則是妄中之妄
上根之器
立見清靜之性
豈有染濁

畫

唯美的圖畫
沒有喧擾　沒有複雜
有一份天真與單純
看似簡單卻意境深遠

有時天馬行空
有時會心一笑
有時身臨其境
似幻似真
教人　驚呼連連
而畫　已刻入心田

彷彿　還嗅得到
愛的氣息　隱隱約約
一絲絲的　穿流在薄薄的畫紙間

安住

如此這般　滿足
再無一個地方要去
只是安住
安住在此時此地

此時此地
見不到半個人
也無人了解這番景致
卻也因此　才能獨自享受
這絕對的寧靜

小草

荒野中的一株小草
有著獨特的香氣
不管有沒有人
路過此地；
不管有沒有人
瞥妳一瞬；
不管有沒有人
喚出妳的名，
妳只知散發自己的魅力。
時間　對妳了無意義，
我知道　妳將
穿梭時空　自由來去！

安定

尋尋覓覓——穿越多少星際
不知你在哪裡？
一旦心靈相聚
歡喜——無法言語！
終於明白　來此的目的；
終能品嘗　愛的汁液。
隨愛的羽翼翱翔——
哪管或東或西！
愛是熱能、愛是生命力
細細聞著　愛情玫瑰的香氣
存在著無限的奧祕
徜徉——放鬆——觀照
如果——你真的聽得見
那一再的叮嚀和訊息

此時此地

來自遙遠星際　如今
站在這裡
不是偶然
是瓜熟落蒂

說不出　千言萬語
只因　早有默契

淚水　澎湃的是歡喜
終於能在　永恆的旅程裡
找到你

感激你　此時此地　在這裡

沒有世界

沒一、沒二、也沒三
真實的語言是奧祕；
有一、有二、有妄想
世界是妄　真性空。

不二門入　一真法界
一法不存　自性本空
空空如也　不動境界
妙語如珠　千變萬化
化現世界　千瓣蓮花
空即是色　三千大千
溪聲山色　充滿笑聲
靜靜聆聽　在你一心

做個老子吧

數不盡的微塵中的　一個微塵
那一個微塵中
又億萬個極細微塵中的你
正活在自我的牢籠
雖有呼吸　少了自由
似乎活著　卻沒有真正存在過
一天　一天　一世 一世
忙　茫　盲　慾海中
流浪千千萬萬年
翻騰紅塵俗世間
何時做個了結

你也是老子　生而自由
有形的牢籠關鎖不住
無形的虛空
當下了悟　便身心輕鬆

游向未知的深處

你像魚兒
也許生活在高山上的湖泊
也許在山谷溪澗中
或平地小河　泥地裡

從不知那廣大　深奧的海裡
也有著數不清的魚兒
和你一樣在水裡　一同呼吸
大家都是生命共同體

且做一隻悠游的魚兒
勇敢游向未知的深處

洗心

髒污了的心
就要洗乾淨
方法數不盡
力道最要緊

面具心中藏
各各不一樣
洗心要對症
名醫給良方

為人走正道
慈愛看喧囂
匆匆數十載
闔眼誰計較

兩朵玫瑰

是無言的相偎
透出寧靜的香味
綻放著喜悅
在黑與白
線條與融合之間
交會
似乎有形卻無意
此時此刻　存於
天地之間

觀雨

嘩嘩的雨聲
下得誇張
天和地
模糊了距離
已經有多少人
流離
怎能繼續下個不停
聽
雨聲似乎更大更急
毫無喘息
老天　祢可真神奇
讓人摸不著頭緒
只能陪著祢　觀雨

空走一回

投資了你全部生命
在所謂的「世界」
那些數不清的豐功偉業
那些高不可攀的金山堡壘
其實只如　參天古木上
枯黃飄落的葉
　　終歸塵土
再一次紮根的
　　是慾望在作祟
死而復生的
　　是一次次聲色輪迴
　　一回回遊戲人間
都只是　空走一回

愛神

世俗的愛
終究失敗
唯有超越的愛
亙古存在

光明的心
無懼無憂
在真愛中修行
因為　愛來自於空
廣大而包容
空中　滿是愛的繽紛花朵

生命之輪

什麼時候　才能看清
沒有別人
也沒有自己
不要用力去踩踏　生命之輪
那是錯誤而費力的方法
因為　它將永無止盡的旋轉
只要無為　一切順從天意
慢慢的
它將靜止下來
沒了噪音
那時就聽得見
宇宙的訊息和喜悅

最後一步

因為有你可以放下
這是修行最後一步
無須遲疑

鬆開雙手　準備翱翔
心存感激
　　風雨中更加昂揚
靜靜的……處在自己的中心裡
　　無波無浪

心中的星

在明與滅之間
　　躍動
在靜與止之間
　　遊走

無垠的蒼穹裡
你是那　獨一

深深的望進你
不知身在哪裡

緊緊相依
從黑夜到天明

超藝術

不能說而說
那無聲的訊息
無法一窺全貌的 奧妙
穿梭時光裡的波動
是那般　不可捉摸
無法訴說
只有　敏銳的瞬間
剎那即逝 的奇蹟 喜悅

沒有一座高峰可以到達
它比藝術還要藝術
唯一能做的　就是
靜默的觀照它
以這種　超藝術的　藝術

禪機

怎麼來就怎麼走
而我沒有來去
從哪裡來便往哪裡去
而這裡和那裡
已合而為一

時空　只是頭腦的把戲
真空裡　沒有那些玩意

是慾望　創造出世界
產生了距離

沒有「永遠」的神話
只有「當下」的真理

全然

活在全然裡
那兒
有寧靜的氣息
沒有寧靜
哪來的全然？

看著自己
帶著全然的關愛
因為那兒
有神的消息

你最美

最美的音聲
是寧靜

最美的語言
是真誠

最美的景色
是自然

而你已　全然擁有
擁有這原屬於你的特質

觀照

先對自己驚奇
那小小身軀
是宇宙縮影
捨近求遠
無異緣木求魚

觀照行止
觀照呼吸
觀照念頭
觀照能量
止於觀照
無觀者
無可照者

慨

百川將歸何處？
諸子百家　千言萬論
終歸於一

人們百般爭論
被偏見愚弄
讓私利蒙蔽

且靜心觀照
並無人我
與我所有
一切如浮雲
乃幻化虛有

空

怎麼來就怎麼走
「空」是無止境的遨遊
　　空是寧靜
　　空是自由
　　空是喜悅
　　空是智慧
　　空是包含
　　空是隱藏
融入空　生命之源　無始無終

不動心

沒有是與非
沒有善與惡
沒有好與壞
沒有快與慢
沒有動與靜
沒有空與有
沒有你想與不想
就是這樣
如如不動

放下

放下你不要的
也放下你想要的
放下你自己
再把「放下」
放下
只剩空
那才是真正的妳

融入

還有誰在那裡？
小水滴
滴落——
在大海裡
露珠
消失——
在晨曦中

無言

我不能說
因為　一說便錯
道法自然
本無話語
聽風賞雨
日升月落
在在都是慶祝
時時都在歡舞

迷失

看到人事物
見到功名利
感到喜怒
覺得愛惡
皆在迷途

你的核心
如颱風眼
那裡沒有　你看
你想　你說的一切

何必

看仔細　到底
把什麼握在手心裡
是不是必須？
是不是沒有也可以？

如果　那只是
一個小小的東西
一場不輸不贏的遊戲
回頭想想又何必
不如輕輕嘆一口氣
讓它消逝煙霧裡
化成晴空萬里
從此不再尋尋覓覓

正確的道路

越來越放鬆
享受自由的風
一霎時
你成了風
舞呀舞　動呀動
你成了花
笑啊笑　搖啊搖
隨著能量而行動

動靜之間

動中觀靜　靜中觀動
動靜合一
動中有靜　靜中有動
動中無動　靜中無靜
無動無靜　一切如如

醉

愛　你的灑脫
如風馳

愛　你的溫柔
似花朵

那淺淺一笑
徜徉在心頭

願這樣　白了頭
點點滴滴
醉在夢裡頭

蛻變

你本來就是你
但是
髒污的鏡子
滿佈著灰塵
不能看仔細

拿出清潔劑
把髒污清洗
哇！原來的妳
如此燦爛美麗

壓力

壓力　是自己給自己
緊握的雙手
是誰在使力？

緊握再緊握
用力再用力
堅持到最後
什麼握在手裡頭

無法再緊握
　　只有鬆手
那是無為的時刻
也是頭腦該清醒的時候

核心

你是世界的核心
你的核心是空無
試一試
在假有中找到真空
從真空中變化萬有
矛盾衝突裡
覺察出　微妙的
相融與平衡

自在

悲傷時
看它從何處來
快樂時
觀它往何處去？

如果可以
任悲歡自由來去
心中波瀾不起
應可粗略參透
人生的道理

放空

就算你不滿意
宇宙還是旋轉不已
除非放空自己
才能一切歡喜

放空
　　需有智慧和勇氣
放空
　　其實對自己有益
人生最大的損失就是——
沒有放空你自己

光

智慧像光
向著光
走向光
便是正確的方向

靠近再靠近
渾然而忘我
小小的火種
將逐漸展露
自己的光芒

獨一無二

你是獨一無二的存在
接受了　宇宙
無盡的愛
要歡喜自在

掃除憂傷的陰霾
世事無常
陣陣潮來潮往
真實的智慧
恆久閃耀著光芒

合一

哭的盡頭
　　笑正蟄伏著

笑的終點
　　哭正潛藏在那兒

手心和手背
沒有裡和外
沒有上與下
沒有高或低

哭和笑
其實是同一個能量
是一體的兩面

詩情

二〇〇六　是適合
　　寫詩的年

一點一滴　一字一句
汩汩湧出　如溫泉

一呼一吸間
　　歌頌著無言

那千古傳唱的
　　靜默的笑靨

天意

就算哭天搶地
依然於事無濟
凡事自有道理
未盡令你滿意
冥冥之中
或有轉機
莫悲莫喜
但隨天意
了悟道理
萬法歸一

流淚

是欣喜　內心
毫無傷悲

是感恩　眼眶
沸騰的熱淚
不用說　真愛
一句話也沒
悸動　在天地間

正如那陽光
　　柔柔地　拂過
　　樹梢上的葉

夜

不想揭開你那
神祕面紗　只為
　　你的柔美

愛　你的寧靜
愛　你的傾聽
愛　你的包容
愛　你的沉潛

雖然他人不見
我依然
　　情有獨鍾
　　醉在你裡面

奧祕

消失了蹤跡
如葉一般神祕
不再尋覓
已和「空」
一同呼吸

從此沒有
白天與黑夜
宇宙的訊息
就是奧祕

藝術

真正的藝術
行雲般瀟灑
流水般自如
沒有艱難險阻

經過崎嶇的道路
峰頂是彩霞滿佈
處處是藝術
觸目皆空無

傾聽

總是用心傾聽
　　內在的聲音
有時 只想 靜靜的
看書、寫詩和畫畫
有時 只想　快樂的
運動、唱歌和跳舞
總是用心傾聽
　　內在的聲音
他其實一點雜音也無

感激

每個人　都是
上帝的精心傑作

每件事　無非
老天巧妙的安排

一花一草一木
一品一嚐一酌

我能做的
只有無限感恩

種子

煩惱田地裡
種子似繁星
粒粒親手播
愚癡來施肥
有緣成綠蔭
野火燒不盡
春風吹又生
翻土又刨根
種子深又深
海市蜃樓景
幻象當成真

智慧劍

來來去去的是波浪
是非善惡　美醜利害
是偏見

時時拿出智慧劍
猛力一揮
要那糾纏的絲線
一條條脫落
才能不執著
達到真正的快樂

喜悅

內心裝滿了歡喜
沒有嘆息的餘地
縱然飄來浮雲幾許
掩不住晴空萬里
永恆的愛裡
有我的呼吸

解脫

提起勇氣求解脫
拔出慧劍斬枷鎖
含淚忍痛心如割
一絲一線輪迴果
勇猛揮斷休言說
清涼之水熄心火
一片自在不可說
頓悟本無綑綁
何須解脫

真

不管好壞
沒有對錯
當下的真
必是美善
接受那樣的真
需要了解　需要愛
需要一顆廣大的心
和一雙溫暖的手

超越

也許你看不見文字
也許你沉醉於文字
或曲解了文字
有一種可能是
深入了解文字
而超越文字
真正的超越
在字句與字句間的寧靜

道之路

圍繞在周圍的其實是幻夢
剪不斷　理還亂
忙、盲、茫、亡　一生嘆
生死波濤輪迴轉

貪、瞋、癡、慢、疑
財、色、名、食、睡
皆被「我」所騙
「我」乃假有
「心」是覺受
觀照悟「空」
觀無所觀　照無所照
波瀾不興　畢竟空寂
空即萬有　生生不息
自然運作　無我無人
太平盛世　存乎核心
先觀呼吸　探索奧祕

智慧

該稱揚的是
宇宙之光——智慧
那是人類唯一的希望
雖然那是人類都有的寶藏
卻被棄置在殘破的牆角
蒙上一層層的蜘蛛網

真實的世界

只有　傾聽
只有　喜悅
只有　無言
啊……這些形容的言詞
都是出於無奈
請原諒我的粗野

天地之愛

極致的愛
　　是慈悲
如空中累積了過多的水氣
　　自然的從天而降
化成甘霖　沒有動機

他　只是灑落
渴望分享
他　無限感激
有大地在那裡

而大地　總是默默無語
她總是歡喜
誰說　天和地有距離
他們比你我更融合更親密

到家

空無的道路
充滿無限驚奇的寶物
那是自己遺失許久的光明

不要蹉跎　不要猶豫
往自己的內在觀照

有那麼一天　沒有真與假
有那個時空　一切都靜止

你就到家了

讓愛引導

不需擔心
只要存在
真愛　將引導你
到光明的大道

自然的往前走
不要猶豫
快快樂樂的
邁步走

但切莫　忘了
觀照警覺的功夫
那就是一條　以
光束前進的路

創造力

創造力　如洶湧的潮水
來的時候　只能跟隨
只能快速的書寫
卻沒有一個「我」在寫
只有接收
讓「寫」發生
「我」已消失　沒有作為

只可以確定
那是真正的
創造力

虛假的慈悲

放下你以為的慈悲與想法
這樣才能達到
　　真正的慈悲
慈悲中
不應有你
　　和你的影子存在

好比陽光
只知普照　何曾在意那些陰影
　　因此　請遺忘你自己
　　和你的影子

你本是空

其實　你知道的，你來自空
也終將歸於空

你也深深的明白……
就算再怎樣努力
那些　所謂的「別人」
那些　所謂的「成功」
只如小孩的玩具
成熟的人一點也不在意

也許　陪你玩一玩遊戲
一場沒有輸贏的遊戲
千萬別在意……
不要太沉溺，中了頭腦的詭計

數不盡的日子裡
你都誤以為　是你在努力
哈哈　其實並沒有人在那裡

了解

認識自己
才能真正了解別人

愛自己
才能真正愛別人

自己清淨了
周遭人事物也清淨了

自己放鬆了
自然就與你融合了

重心與核心
一直都是自己

一旦看見別人
就是錯誤的開始

玄妙之音

玄呀玄　妙呀妙
「超越」二字　玄又妙

沒「你」也沒「我」
沒「大」也沒「小」
沒「空」也沒「有」

「超越」脫離三界外
「超越」悠遊世界中
「超越」逍遙宇宙間

超越再超越　玄妙不可言
親身走一回　勝人千萬言

走向空的路

如果你執著　已迷失
如果你在乎 就不空
空了　便不會執著　不會在乎
空了　當然會清清楚楚　明明白白的
因為　自己的光　會照亮一室的光明
空了　只有輕輕鬆鬆自由自在
彷彿　天上浮雲　來去自如的瀟灑

如果你不空　就繼續走
如果你執著　就繼續丟
祝福你　喜悅的　消融在宇宙中

真功夫

要學習忍術
去觀察大地如何忍辱
要能夠灑脫
且看浮雲悠遊

要擁有智慧
試著觀察水的變化
要慈悲喜捨
就學日月無私的照耀

要寧靜安定
直入虛空之境
不能空口白話
要下真功夫　穩紮穩打

大地

大地呵……
我靜靜的聆聽妳的話語：

萬物並沒有高下
要歡喜、要接受
一切自有道理

是的……如同妳
高聳入雲　成了仰望的神聖
深潛下海　化成未知的奧祕

而妳總是
笑一笑
默默無語……

交出武裝

放下嚴肅　放下拘謹
放下完美　放下應該
交出一切武裝和配備
脫掉所有面具
決心做自己

沒有別人批評的一切
沒有什麼是與非
閉上眼睛　超越世間的一切
是誰要來決定？是誰接受考驗？
追求自我超越
　　超越那個自私的我
　　達到無我的境界
可憐的是　許許多多的人
　　活在自我編織的幻想中
　　度過一天又一天

男子氣

有時　哭泣需要勇氣
不要一味壓抑
我知道　他們都說
不要哭哭啼啼　沒有男子氣

但是　真正灑脫的人
懂得爭取淚流的權利
會任淚水輕鬆來去
不去禁錮　自己的心靈

真正的男子氣　是
肯定自己的存在
對失敗和成功　輕鬆看待
不讓自己活在　別人的世界裡

自由的人

要來就來
要走便走
不要問原因
不要管目的

抬頭看看
浮雲遊蕩天際
流水幽唱溝渠
誰管在東或西

人生只是過客
靜心品嚐自由的汁液
不要匆匆來去
枉費一輩子
做人的道理

全世界的病人

其實你病了　身體或心理
也許　看起來是那麼的健康
但是　你不會知道
病因　何時潛藏
將於　何時顯露

因為我們是那般匆忙
　　執著於外在的世界
少了那一隻
向內觀照的眼

就一世又一世的　活在
你自以為是　又一心一意
想創造改變它的虛幻世界裡

夢醒的人　將含淚大笑
　　去撼醒沉睡的人兒
　　藉著春風　鳥鳴
　　山河　與大地

寧靜的世界

一陣陣飄雨
飄落在躍動
而寧靜的水面
一隻隻水黽
興奮的跳著
水上巴蕾
全世界成了　靜悄悄
又生機無限

摩尼寶珠

長存在每個人心中
人人是佛
　　怎麼不會
因累世輪迴　塵埃厚疊

淚水不曾停歇

世人因無明不見
要拿起「觀照」的魔法布
擦亮自己的「摩尼寶珠」
　　一擦再擦
終有一天
將光明再現

丟掉一切

不管你看見了什麼
不管你擁有了什麼
不管你聽見了什麼
不管你正說了什麼
立刻　觀照它
　　　放下它
因為它不是實有的
「空」才是你的本來面貌

對於「空」
你必須放下判斷——「是」與「非」
放下佔有——「美」、「好」、「名」、
「利」
就是現在閉上嘴巴
　　　淨空頭腦
噓——

光明坦途

你的世界並不可悲
那只是頭腦的妄念

看著自己的呼吸
沒有一絲障礙
而靈魂　也是這般自由
閉上眼　去看自己的身體
觀　起心動念
滿足當下一切
感恩自然　對你的慈悲

那麼　一切將光明再現

夢醒的人

夢醒的人
　　只剩下哭與笑
　　然而　它的笑也是哭……

因為
　　一切都不能分割
　　一切都合一了

圓融

「空了」才有圓融
有「你」在
就不自在、不圓融

讓自然運行
千萬不要插手
讓頭腦沾上邊
還拍手說：「圓滿啊！」

開啟煩惱的智慧門

你的身體
被一道道煩惱門封鎖
幾乎窒息

快！拿出智慧的鑰匙
開啟一道門
哇！屋子裡不再黑漆漆
還有了新鮮的空氣
有了一絲光明
可以隱約看見屋裡　於是
再打開一道又一道門
才發現　其實並沒有屋裡與屋外
房子和門窗　都只是虛假的存在

隨處自在

登高
你還是你
不同的是高度

深潛
你依然是你
不同的是深度

要攀登高峰
要潛入深海
而後便能隨處自在

罪的開端

不要把太陽射下來
不要用盡方法獨吞光明
自以為擁有她、愛她、保護她

萬物將失去生命
太陽沒了照耀大地的功能
也將失去價值和喜悅
只剩下黑暗與痛苦

一切都顛倒了
自私的愛——
正是罪的開端

愛的特質

不要停留你的腳步
　　因為愛永不止息

它是邁向空的旅程
　　要輕輕的
　　柔柔的
　　靜靜的
　　悄悄的

你的愛也應如此

善待自己

去做艱難的事
去做有益的事
去追求美好與卓越
超越別人　超越過去
其實　這些都是頭腦的詭計

讓你不能放鬆　不能看清自己
再一次　迷失自己

只要靜靜坐在這裡
沒有一個地方要去
沒有一件事要處理
不需任何理由
要善待你自己

聽見無聲

心靈廣大而浩瀚
讓直覺來帶領
不要由你來決定

只管放手　只需放鬆
信任自然　漸漸就能
駕輕就熟
跟隨自然的節奏
聽見無聲的音聲

放下才有歡笑

未能放下的人
只能遙望那般風景
只能讚嘆那種崇高
其實要懇切的相信
自己也做得到　放下
一切概念與執著
然後聽得到
你和宇宙一起歡笑

無知

望向蒼穹的人們
總以為自己聰明
以為清楚周遭環境
縱使廣大深邃的夜
已籠罩周邊

成群的螞蟻從不知自己
只是搬運著糧食
朝牠的目的地而去

自處

在浩瀚面前　謙虛
在未知裡　靜默

在逆境絕處　鼓舞自己
在群眾裡　享受單獨
在單獨時　心懷慈喜

在相對中　不忘失
絕對的清靜
在絕對裡　了知
相對的妙處

生命只在呼吸間

「你」只是虛構的概念
「明天」並不存在
明天又明天
誰可保證還有明天
如果還有明天
要如何規劃現在
如何活在當下

「今天」如果沒有意義
「明天」也只是
「今天」的頭腦　的延續
生命就失去意義

真實的生命
只在一呼一吸之間
請問在呼和吸之間
你跑到哪裡

點燃愛火

高舉愛的火炬　趕走
心中的恐懼　你我
都來自同一個本體
那裡是喜悅天地

不要吵吵鬧鬧　天堂或地獄
就在心裡　不怪別人 煩惱是
自己找尋

世界要的是希望
心靈需要的是成長
把慈悲和歡笑傳遞
生命才有意義

你我都有能力　開創和平的世紀
多退一步　少說一句
人人都歡歡喜喜

真愛的力量

永恆的真愛
有金剛之力
天地之鬼神
皆讚嘆歌頌
因為它具有真善淨美
超越凡間的殊勝本質

無怨無悔
肯付出真愛的人
才能有此難得的體會

無我的生活

過著自己　似乎不存在的生活
你將會問　那麼
努力是為何
成功失敗又如何

放下問題
才是迫切所需
世界沒有問題
是「你」的頭腦　製造問題
阻礙自然的運行

無我　就會天下太平

原諒別人是邁向幸福

懷著一顆寬廣的心
能原諒別人的過失
才是成熟的人
成熟是最大的幸福
可以看得清清楚楚
不再迷失　因為自己
已經全然滿足

不肯原諒別人
已經錯得離譜
必與心魔為伍
因為大家都來自
同一體性　好比
波與浪沒有分別

開心手術

精進觀照　然後豁然開朗
把障礙一一去除
情緒　偏見　妄想　執著
皆是內心的毒瘤
障礙修行的大石頭

有趣的是　「觀照」
是一種顯微鏡手術
可以把心中毒瘤去除
只要理知　進入空性
它們便如煙霧散去
心中逐漸清澈明白

魔術

花一輩子追逐
追逐名利財物
只想讓自己滿足
最後留給世間
一樣也無

潮來潮往
淹沒輝煌的國度
曾經高山峻嶺
也沉淪在幽暗的深淵
無常　上演了一場場
神乎其技的魔術
早知追逐　只是幼稚的遊戲
何必你爭我奪
失了風度　又氣喘吁吁
只消靜靜觀賞　這一齣
精彩的魔術

頓悟

是分別與執著的念頭
讓你我分離
將世界扭曲
雖然一切看起來　彷彿真實不虛

別的生物若看見鏡中的你
也會誤以為真
別笑牠太愚痴
其實我們不也是如此
除非跳脫　一念覺醒
不去和世界附和
試著靜心淨念
進入內心的世界
找回自己　心靈靜謐的片刻

成為愛

穿越層層時空
找到愛
那是宇宙中
最神祕的現象

不要推理　不要想像
觀照呼吸
活在靜心裡
芬芳自然流露
在生命裡

心中的風景

打開一扇扇門
風景一一不同
不去執著
讓直覺帶領　不斷前進
沒有一定的目的地
也沒有終點站
靈明的覺知
沒有時空與方向
祂具有寧靜　光明　廣大　自由
的本質就是最佳的指引

真誠心

自己的心　知道得清清楚楚

口是心非
有時是故意　自己看得見
有時連自己　也騙過自己
要觀照念頭　不要以為理所當然

確實無念了　那無念之念
清清楚楚　反觀自照

修行要靠自力　需要真誠心
所以不可自己騙自己
走到哪裡是哪裡
要精進　要真誠
那才是修行人要的
生命

真愛的處所

可大　可小
可快　可慢
可動　可靜
可變　可止
可以安於一切
可以失去所有
真愛似虛空
無處不是歸所

神奇的人類

用愛的力量
開啟一扇扇窗
流進陽光
從此智慧和慈悲
改寫生命的扉頁
彌補歷史的殘缺

神奇的人類
懷抱著天地的慈愛
每個人都有能力散發
愛的喜悅

愛的本體

地球　一個生物的家園
是愛的頻率與震動
宇宙　所有物體與虛空交融變現
是超越存在的愛的交響樂
愛　就展現在呼吸裡
愛　就呈現出身體
愛　就潛藏在每個人心裡
愛　就是簡單的真心誠意

生命　源於愛
了解愛　成為愛
愛　是人的立基點
性靈愈單純
愈輕盈　愈上升　愈廣大　愈喜悅
愛的本體
如同虛空　是永恆的旅程

知己難逢

別人不懂　無需奢求
從古至今　知己難逢
得一知己　夫復何求

開口　都嫌話多
行住坐臥　盡是言說

詩歌從心海詠
自在就是解脫

無人言說

墜落的是重量
自性沒有重量
自性超越言說
雖然從古到今
似乎　大家
不停的說著
那不可說的

而真實了悟的人都知道
沒有一事
沒有一物
沒有一人
一切是真空妙有
不可說

另一隻眼

用另一隻眼　看世界
光明又有秩序
無人指引
安安心心

豐富而有趣
驚喜而滿足
奇怪的是
只有心靈
沒有物質
既不是有也不是無
那說不出的本來樣貌
需要親自走一遭

唯一的藝術

放下即是超越
有勇氣　有智慧
就能放下與超越
要真實的了解
放下偏見

放下再放下
沒有一樣是寶貝
再珍貴的寶藏
也有重量
再完美的理念
也是妄念
全然放開才能超越
用智慧　細端詳
最偉大　唯一的藝術
就是放下一切
空空如也

能知能行

知　是不可知的
神奇能量

藉著知的能量
一扇扇封鎖的內門
自然敞開
 達到無為而為

無為　是知的妙用
放鬆信任在知的能量中
則行而無行

陀螺

看著中心
不要看著外圍
否則心就迷失
產生可怕的後果

如果鎮定下來　注意核心
那空無的軸心
便可漸漸恢復平衡　和諧
與清楚

那核心只要靜心觀照
處於清楚廣大的
無念之中
人生就漸漸矯正
生命就充滿活力和幸福
那也是通往宇宙的祕門

颱風眼

風力可怕　結構紮實
的颱風　必有清晰的颱風眼
是的　修行人
正是在觀照那　清楚明朗
廣大空無的　颱風眼的
中心

靜心觀照　觀照就是核心
那核心是空無　如如不動的
核心

颱風眼　似動非動
游移的　是周圍
證悟之人　無凡與不凡
因已超越　存在人間
無活不活　因已超越生命
超越即處在核心中

成為虛空

在意識的大海　載浮載沉
偶而漂浮
享受片刻的空無
但往往只是　曇花一現的光景
終究又墜落到紅塵的痛苦

若能讓心漂浮　直達虛空
無拘無束　化為真空
沒有灰塵　毫無重量
將不復墜落輪迴

存在本不是問題
心靈的執著和追逐
才是一念無明的開始

在永恆裡等你

知道你　終將回頭
所以我在永恆裡等著

一切　都要心甘情願
絲毫勉強不得
因為自由　就是愛的花朵
看著你歡喜
看著你成熟
天地也為你高歌

在永恆裡等著
因為愛的能量超越時空
你我只不過是空無的巧合

心心相印

真愛無欲無求
有脈絡可通往大愛
大愛起於悲心
來自空性的體證
如如不動的真心

真心無念　當下體空
心心相印　心佛眾生
無二無別

重生

我充滿自信　因為我
欣賞自己那
別人沒有的缺點
那缺點證明了　我是
天地之愛　所創造的唯一

是它　讓我與眾不同
接受了自己
才能感到　完整與充滿
不再自卑　無須怨懟

正是全然的接受
讓我超越完美與不完美
如同上帝只是要我成為自己

藉著接受
便可品嚐重生的滋味

浮雲在天

微風吹動
吹不動心
琴音繚繞
唯有寧靜
一切如如
無我無人
無施無受
萬物俱存　皆空寂
虛空何曾　礙浮雲

禪者如風

禪者　如風
來到世間　就算
行千里路
看萬卷書
其實並沒有一個人　在做
也沒有一件事　被做
就像照鏡子
鏡中之人是幻相
鏡前之人是假象
時間　便是因緣的巧合

所以可以　輕輕鬆鬆
揮一揮衣袖
不帶走一片雲彩
如風……

自然之子

放鬆
才慢慢看見自己的能量
放鬆　自己的能量
可以漸漸與宇宙融合

一直都是頭腦從中作梗
如果能放鬆
融入自然
成為自然之子
輕鬆自在
就見得到自己的
本來面目

矛盾的存在

矛盾的話語
透著真實的意涵

你從來沒有改變過世界
世界有自己存在的法則
也許看起來似乎有所改變了
那是因為它本來就可以被改變
那些不變的
仍未曾變動一分一毫

從絕對的觀點
從沒有「你」的觀點
一切改變
只是海市蜃樓的幻覺

沒有內外

變動無常的　周圍
從未影響過空無的　核心
身心所見、所聞、所感知
都屬外在
能見、聞、覺知的核心
則有如如不動的
真實

沒有分別

漂浮在虛空裡
不再有沉重的感覺
光明的世界
沒有分別

一有分別
就出現了　兩極
產生了旋轉和世界
即是虛妄和墮落的開始

沒有地圖

不能按圖索驥
未知的高峰
沒有地圖

孤身前往
邁向真善淨美的旅程

勇氣與謙忍
是必備的丹藥
智慧是幽暗中的提燈
慈悲的法雨
普霑於大地

沒有任何一張絕對的地圖
唯有依循　心中的愛的光芒
前進

次第

一字一句　皆法門
一言一行　存妙心
淺中有深　善觀察
紅塵不礙　心燈明

見山是山　水是水
追名逐利　業須彌
見山非山　水非水
一股清泉　石上流
山仍是山　水仍水
波浪與水　不分別

宇宙的脈動

當我完全靜止了
就可以聽見宇宙的聲音——
可以感受到宇宙的心跳——
如果沒有你習以為常
伴隨你的種種——
外在和內在的聲音
妄想及執著的存在

只是靜心和觀照
漸漸可以做自己的主宰
那就是宇宙脈動
和你連結的寶貴時刻

如實

真相如實的存在
猶如聲波　電流　光波
種種蘊藏著的能量

藉由觀照
也將如實的在心中滋長
一步一腳印的　清清楚楚

所以不會惶恐不安
就這樣　一路勇敢走下去
沒有遲疑

生命之美

心　可以體會
生命的喜悅與尊嚴
身體　可以歡舞靈性的美
淚水　可以淨化心靈
和原來的妳　再次相遇
傷痛　可以敏銳知覺
讓清明的覺知甦醒
漸漸熟悉　親近原來的妳

不要抗拒　老天的安排
一切自有道理
應該感恩所有存在
因為宇宙對你的好
超乎想像　無所不在

永遠退後一步

別人前進了
我就讓路
有人指責或讚美我時
就放下那個
被指責或讚美的「我」

如果那個「我」
會引起衝突
立刻放下它
便得到救贖

退後一步
可以找到
存在的價值

及時修行

一輩子　歲月匆匆
及時努力　向內看去
不要遲疑

不敢懈怠
時時刻刻
提醒自己
為何而來

只為明白生死大事
不可放逸
因果是必然的道理
讚美一切……
來到這裡
一切歡喜

方便法門

究竟深處
一片空無

空無之中
展現妙有

空有不二
無二無一

無一性空
不二之門
方便虛立

中庸之道

內在的平衡是藝術
外在的平衡是藝術
內在與外在之間
有微妙的平衡
有形與無形
也有著平衡之美

那看似不平衡的建築
如果能夠屹立不搖
必然隱藏著平衡之妙
並非肉眼能夠膚淺瞧見

世間的道理　宇宙間的奧妙
便是中庸之道　中庸裡面
沒有頭腦　沒有一切
在那裡是安安靜靜的
噓……

不動如山

來來去去的　是風
寧靜的心　不動如山
虛虛實實的世界
善用悲與智
明辨和包容

變化無常的世事
唯有真心不變
可以穿越時空
找到恆久光明

不思維

善用正見的思維
打破自己的思維
不斷精進
才能達到不思維

你的中心
便是那
不看而看
不知而知
不覺而覺

不可說的真相

只能闡述「為何」無法說
而不可能說出無法說的真相
因為　真相超越頭腦
真實存在

而頭腦　是虛假的幻像
其中沒有真相
就算你去思維它
也正和真相背道而馳

那種絕對的存在
必須消融一切
你所建立的思想架構
讓海市蜃樓般的美景
即使很真　很善
很淨　很美
也隨朝露　蒸散得無影無蹤

不可得

心都不可得了
你還奢望得些什麼
忙 茫 盲　迷了一輩子
到底決定　什麼時候
回頭看看　看看自己
被折騰成什麼模樣
究竟又是為了哪樁
可以讓人失去寶貴的青春
可以拋棄那　唯一的寶藏

無需怨天　不必尤人
只怪自己太貪求
是自己不敢承擔
不敢承擔　原本清純的你
就是最美的擁有
不必再　向外馳求

大愛

世界總是毀於愚痴和自私
愚痴之人
以為自己比他人更聰明優越
往往在歷史中　找到另一番解釋
為自己的種種偏執
巧立言說

自私的人
從歷史中　學會
再一次殘害別人
為一己之私
假神聖言說

唯有大愛　無悔無私
沒有欺騙自己的藉口
方可拯救生靈
重現光明世界

不二

自覺愚蠢之際
已透出幾許智慧的光暈
自認聰明之時
早已深陷驕傲的囹圄

要不斷精進觀照
參透宇宙人生之道
捐棄自我的成見和迷思
沒有二分的迷惘與痛苦

不做永遠踩踏滾輪的
可憐老鼠
只要無為　就能回到
內在的平衡與幸福

一樣的星月

一輩子　有多少時間
花在修行上面
在修行中　有多少精神
真正去觀照
在觀照時　有多少片刻
消融了自我

一輩子　幾次細細的
看過星雲日月
讓它刻畫在心頭
寫下不凡的扉頁

同樣的星　一樣的月
種種不同的造化在人間
卻都潛藏著一樣的光明性田
端看你　肯不肯花時間
開挖心中的寶貝

入門

深切體會
除了修行
再沒有別的事要做

修行
是生命中最重要
最值得投資的事
這樣　才能心無旁騖
老實修行

才算入修行之門

一個問題也沒有

不要分彼此　你和我
只是頭腦的距離
不是真實的問題
我們本是一體

星球和虛空
也是一體　沒有分別
星球融入虛空
虛空變化出星球
其實並沒有兩者
兩者皆是空有一體
若想成二
便落入煩惱世俗的窠臼
無法解脫　是的
空即是有　有即是空
只要放下了你自己
就一個問題也沒有

心靈視界

是心靈的視野與層次
創造出種種數不盡的複雜世界
有愛的　快樂的　永恆的
或無愛的　悲慘的　黑暗的
其實輕輕鬆鬆就能改變世界
只要轉變你的心
簡簡單單看事情

如果能多加一些些慈悲心
久旱的大地　欣逢甘霖
也會變現　生機綠意

出家

真正的出家
是出離三界
出離一切我的迷執
找尋真我的旅途

真我沒有家
因為它如虛空廣大
真正出了家
就可以四海一家
清淨圓滿
讓愛滿佈天下

去愛

聽說愛會帶來痛楚
那種愛必定偏差錯誤
放下那種愛
揮揮衣袖
不帶走一片雲彩

正確的愛
如天空　自由寬闊
似大地　包容無我
正確的愛
流向慈悲的大海
不要否定愛
否則就封閉了
生命本性的存在

永不分離

久遠以來　我們
一直在一起
沒有一刻分離

分離的感覺
是妄想分別作祟
產生了夢幻世界
夢裡的酸甜苦辣
又再一次　進入
幻中之幻的迷執
雖然難以自拔
只要勇敢試一試
勇敢認清　猛然覺醒
一個片刻的　清楚
那一個無念的片刻
便是清楚　可以融合一切
消融時空的幻覺　讓真實呈現

永恆之歌

永恆之歌　汩汩流在
寧靜的心河　分分秒秒

若接受了自己
本是那微妙和諧的宇宙
功夫深了　便有幸聽見
永恆之歌　而感激痛哭
歡欣鼓舞　從此再沒怨尤
只有滿足

那心靈的滿足
勝過世間短暫的擁有
那豐饒和富足
讓你清楚的知道
自己已是一無所求

星與空

無你無我
快樂世界　沒有煩憂
有你有我
因緣聚合　增添喜樂
無你無我　是真空
有你有我　是妙有

你我不是問題
只要心包宇宙
宇宙中無盡的星體
正好證明了
虛空的廣大與真實

皈依自心佛

莫向心外求　心外無佛
自心便是佛

放下塵緣　即心即佛
舉手投足　一顰一笑
皆在作用　而真心不動
妙有亦空　何曾有染著

只需觀照　畢竟是空
分分秒秒　老老實實
妄即自滅　因本無生
如水中月　猶鏡中影
何況水月亦因緣所生
真空無染　清淨自在
定慮淨心　時時精進
自心自證　無人於此

一切具足

笑淚交織的人生
因為有愛　一切滿足
從古到今
不變的定律
那是愛的力量
展現生存的渴望
也藉以看見心靈的無限

沒有愛
將只是黑暗
不要畏懼愛
要自己深深愛自己
愛這個天地贈與的寶貝
將能發現
原來一切具足
圓滿無缺

愛如宇宙

愛在心中　不在嘴裡
讓愛流動　不要淤積

夢醒時分
只有愛在那裡
永恆的愛
沒有難題
川流不息
如世界宙宇
從不吝惜　將愛
無窮無盡地給予

經典在心中

無念當下
是真經
經典在心不在文
觀心
誠心
真心
深心
心心相印
真心無心
無心妙心
妙心無住
無住遍住
住無空有處

運轉吧！小宇宙

從心啟動
需要觀照
它是開啟心靈之門的鎖鑰
沒有觀照
只是胡亂摸索
靜心去觀照
不急不徐　細細觀察
把心調整到宇宙般寬闊
小宇宙便能和諧的運轉自如

靈光乍現

靈感如水　來去自如
一溜煙就不見
不會等你尋蹤
紙筆在手　長相左右
心隨靈光　筆隨意走
正念即空　空本無言
真愛相通　無言忘我
心靈偶有這種時候
不妨多靜心　靜坐

讓慈悲成為世界共通的語言

讓詩歌取代爭辯
讓舞蹈取代憤怒
讓退讓取代佔有
讓慈悲成為世界共通的語言
和平就有降臨的一天

聽慈悲歡喜的音聲
澎湃在心海
奏出一曲曲
扣人心弦的樂章
那應是迴盪在深心處
久被遺忘了的旋律

知心

妳似乎遠在天際
又彷彿藏在心底
告訴妳悄悄話
妳也能會意
靜靜地　柔柔的
好像聽得見
妳捎來了信息
我知道　我們沒有分離
你我早已合一

活出自己

天下之大
有時竟無容身之所
如果你喜歡單獨

走到天涯海角　還是喧鬧
如果你有一顆不安定的心
和一個不滿足的靈魂

一直以來
你自己才是生命的主角
決定著自己存在的價值
但只有少數幸運的人
能夠真正活出自己

直心地圖

不要甘願　被
小小的軀殼　侷限
需堅決相信　你本是
宇宙的一份子
願意回到原本的光明

時空　是假相
用心　去參透
決定　要突破
找到無限的真我

沒有這般勇氣的瞬間
其實已自我設限
封閉一道道窗口
永久留在幽暗的角落
貪婪　怨恨和墮落
理由一牛車

提起勇氣　鼓舞自己
龐大的黑暗　也會畏懼
試一試
體驗靜心定慮中
心中那一陣清涼
有著彼端的　甘露法味

觀照中透著一線光明
便是無線光明的投射
循著蛛絲馬跡前進
那直心所繪成的地圖
將逐漸顯現完整的畫面
該是實際去體證自性的時刻

提升自己

能量
旋轉不已
只是看著
頭腦不加以干預

放開來　信任自然
無念頓超三際

古師大德的話語
真誠不虛
你也是這般
平凡又神奇

捫心自問

時時反省
你屬於哪種人
真誠的看進自己
老實的面對自己
把虛假的面紗揭去
就好像老死痛苦
終將你奪去
逃不掉的
因果循環
不如面對真我
徹底改變

無聲的世界

進入愛的寧靜
　　世界就跟著消失
真實的世界
　　沒有喧擾的音聲
讓世界　隨風而去
　　新的生命　因之而生

黑深淵

是貪婪
帶領著愚蠢的部隊
一步一步
將你逼到黑暗的深淵
即便她看起來五光十色
讓人目眩
千萬不要被騙

曲終人散後
盡是空虛與黑暗

愛的出口

愛的光芒
遍照十方
地老天荒
傳送永恆的芬芳

是那一方小小心田
燃燒暖暖的火苗

照亮自己
也溫暖他人心房
讓世界充滿希望

是那平凡中的不凡
導引你我
找到愛的出口
迎向光明的
阿彌陀佛

當自己的貴人

不要等待貴人
不要向外找尋貴人
那只有證明你的愚蠢

貴人　就是
點燃自心的明燈

有人說這樣好
有人說那樣才對
無論妳依循誰　都不對
都有人要反對

這是個奇怪的世界
沒有人叫你聽　心靈的聲音
沒有人說　你就是光明

新心人類

喜愛創新
用另一隻眼看世界
打破陳腐的理所應然
找到從細縫中透出的
那道光芒

那是新心人類
獨特的覺察和思維
才能發現　一處處
別有洞天

精進

從思惟到不思惟
路途似乎很遙遠
其實只在一瞬間
只要肯放下念頭
了悟與放下就是關鍵
也是不斷精進的要點

消融

沒有距離　界線已然消失
人我事物　山河大地
合而為一
分別不再有意義
夢醒時分
只有清晰
再將「一」消融
便不再有言語
已無人可以表達真理

沉淪

選擇世俗　絕對沉倫
世俗　不是問題
喜歡和執著
依賴與無知
自私及自卑
才是關鍵成因

了解自己
就能心安和滿足
沒有貪欲
才不會動搖心智
只要觀照呼吸
分分秒秒看自己
哪有工夫　管東管西
哪有餘力　爭權奪利

下一秒鐘　誰能保證
身在哪裡

小草

荒野中的一株小草
有著獨特的香氣
不管有沒有人
路過此地；
不管有沒有人
瞥你一瞬；
不管有沒有人
喚出妳的名，
妳只知散發自己的魅力。
時間　對妳了無意義，
我知道　妳將
穿梭時空　自由來去！

曇花一現的美

單純和真誠
去面對自己
當下就是自覺
靈光乍現的剎那

要記住那寶貴的時刻
如同呵護珍寶一般
不要令它失落
要讓它保持新鮮
光芒再現

隨緣不變

並非善變　而是圓融
宇宙無常
頭腦不能一成不變

千萬不要誤用
變化之中
仍有著不變的真心

在圓融的變化裡
帶有神祕的愛的核心
找到自己的真如之心
方能了悟宇宙的奧祕

靈活

身體存在
不代表活著
心靈的存在
才是永恆的生命
真正存活

要感激身體的存在
在這一世　可以
找到心靈的光明

知道不平凡中的平凡
於是不起心動念
知道平凡中的不凡
所以　不妄自菲薄
了知平等與自由
就是靈活

灑脫

沒人叫你留
也沒人要你走
來去本是自由
不需藉口
答案早已了然於胸

白雲蒼狗　什麼可以左右
什麼值得煩憂
笑一笑
花兒也溫柔的點點頭
世間一切無非妙有

無處不在

不知　祢的名
彷彿地上那顆不知名的種子
我知道　祢
藏在那裡
高山上　沙漠中　大海底　叢林裡
到處有　祢的足跡
傳達同樣的訊息……
生生不息

不知　祢的名
因為　無名　才是真名
才能普遍存在……
無所不在

愛神的羽翼

愛是神長了羽翼
徜徉神祕天地
而你的愛
只是世俗
不斷輪迴的種子
倘若有一天
明瞭了　愛是沒有動機
沒有人在那裡

便會發現
你已長出愛神的羽翼
帶著你重生　翱翔天際

愛的昇華

跨越時空來到這裡
不敢奢求
沒有目的
能做的
只有放下自己
達到無我的境地

和妳共舞一支
心靈交響曲
那就是真愛的奧祕
不用懷疑　只要將
虛假的自我拋棄
便可以昇華自己

登上高峰

站在遙遠的地方
慾望正嫵媚熱情的招手
爬上一定的高度
山峰之美　已然呈現
對山下的凡塵
不再眷戀
如同丟棄孩提時期的童玩
要追求心靈超越
不斷向上攀越

只有充滿勇氣和無念的人
有足夠攀爬的配備

詠詩

詩
歌詠自然
化成樂音潺潺
繪成圖畫裡的讚嘆
口誦朗朗
集而成章

笑　是你我之間
心靈的祕密樂章

哭　是古今歷史的滄桑
宛如山谷間
竹葉長夜的低唱

沒有詩　不成世界
將只是灰色一片

單純的享受

享受一個人
世界消失的時候

那種放鬆　勝過佔有
那種寧靜　勝過熱鬧
那種光明　勝過繽紛
那種擁有　勝過想像
那種難得　在於單純……
唯有單純　才有的享受

康莊大道

以為修行很苦
是缺乏正知見
用錯誤的思維
將走向偏差的方向
與正道背道而馳
而不自知

正確的知見
是康莊大道的起點
必將迎向　光明的終點

彩色糖衣

慾望　是包著苦藥的彩色糖衣
搞得　人心迷惘
追東追西
還能編出一番道理

真理簡簡單單擺在那裡
像空著的船
少了人類的頭腦
單純的漂浮　隨波起伏
沒有一個人在那裡
絮絮叨叨
像空心的竹
中心是空無

自在的條件
是活出自然
你就是自然
假如不去追逐

記號

生命中
有各式各樣的　記號

貪婪的　慷慨的
善妒的　包容的
憤怒的　慈悲的
癡愚的　智慧的
自大的　謙卑的

種種無形的記號
都如影隨形的存在於
一切造作裡

迴光返照

虛假的表相
並不會令你心安
卻會讓心靈死亡
而分不清真假的面貌
也許面臨死亡的那一刻
才能迴光返照
照見自己心靈深處
那一片空白與空虛

神祕的愛

宇宙的愛
至輕至柔
無形無蹤
化成一切你我所求
點綴成一朵朵豔麗花朵

不生不滅　是本性
有聚有散　是幻有
動靜一如　戒定慧

身心靈
便是神祕的愛的結合

能量

像奔騰的長河　觀照著它
它就能向上竄流
就讓它自由自在的　流呀流
像個孩子般
喜悅的馳騁在　綠色的原野

那種自由
可以讓人感受靈性的輕鬆廣闊
那種奔騰
可以讓人知道生命多麼活生生
那種喜悅
可以讓人湧現創意　源源不絕

靜靜的看著它
它一直潛藏在那兒
觀照它　讓能量的泉源向上騰躍

真空妙有

來也空　去也空　來去可曾心掌控
得也空　失也空　得失本來一場夢
高也空　低也空　高低變化妙真空
聚也空　散也空　聚散因緣空泡影
我也空　人也空　人我不分進大同
眾生空　菩薩空　眾生菩薩皆佛種
不空亦空空不空　非空非有非非空
空空如也證真空

真實國度

藉著看
奇妙的　悄悄的
就可以開啟
一層層無盡的空間
耐心的　由鼻子往內看
彷彿一支箭　射向遠方
就是這樣
單純而真誠　一步步
邁向自己的真實國度

你　已離得太遙遠
回去的路途
崎嶇陌生
需抱持勇氣前行
這是一趟真實的旅程
只要循著觀照的心燈
就可看到一絲絲光明

浴火鳳凰

愛
是長了羽翼的神
徜徉神祕天地

世俗的愛
滿是塵埃與重量
需要浴火鳳凰的焠鍊

倘若有一天
明瞭了
愛是沒有動機
沒有人在那裡
便如浴火鳳凰
再次重生光芒耀眼

一切隨他

不要問我

為何這樣
　　為何那樣

順水而流
　　不去管方向

風和雨　雷與電
不也是如此

何不試一試
　　信任自然
　　一切隨他

笑吧

笑聲　驅逐了煩惱
喚醒了靈魂
不要再沉睡
片刻中　也有遺失許久的寶貝
要覺醒
人生的一切　全由你決定
沉醉或喜悅

笑吧！沒有理由
不必花錢　更不用向人乞憐
記得那一個個　自由的經驗

笑吧！盡情的笑吧！
去笑出生命的美艷

人間有愛

我有笑有淚
因我的愛源源不絕
不需否定愛
愛才可以昇華為慈悲

我就是愛的結晶
是天地的寶貝
珍惜眼前的一切
讓愛的能量
竄流在每個細胞間
讓愛的光芒指引心靈
於是　可以沒有任何人
獨留愛的動能

活在愛裡頭

像風中玫瑰　伸展
妳的嬌豔　不捨
無情的心
　　粗漫的手
　　將妳摘奪
於是決定
　　用一生守候
　　用靜默陪妳到永久
我能給妳的　只有
　　尊重　　讓妳
如夕陽和清風
　　一樣自由
欣賞著蜂與蝶
　　圍繞你左右
而我　是你
　　植根的那一培土
　　永遠永遠活在愛裡頭

是誰

誰是我　我是誰
禪師說
是是是　否否否
是即否　否即是
一合相　本無相
我與誰　無二別
請參參　我是誰

生命之流

生命
有自己的方向
順著他漂浮
不必歡喜或悲傷
接受一切
感恩存在
漸漸能夠心開意解
原來　一切都是
為了成就你
而給

因為愛

因為愛　風和雨
蛻變成花草的嬌豔
因為愛　天和地
共舞出人間的饗宴
來呀來　轉呀轉
讚歎寶貴的世間
就是極樂的世界
因為有了愛的光芒
天上人間快樂安然

色即是空

滴水入海聲色泯
萬千飛白了無垠
緣起性空直下觀
竹林對談唯空鳴

自性佛

自心作佛　心外無佛
離一切相　即名諸佛
見性是功　平等是德
達摩觀心　總攝諸法
心法俱滅　寂滅為樂

復活

不要一直說
　　不要說得太多
不要愛說
　　不要想說
不要說
　　忘了說
融入寧靜
　　沒有自我
　　沒有世界
找到真我
　　終於復活

你想家了嗎

不再迷失
因為已經知道　來時的路

總是苦口婆心
喚你踏上歸途
雖然走起來漫長艱辛
但多走一步就更靠近一步
修行的路　老老實實
刻寫在心靈日記深處

世上許多遊戲和迷霧
為的是讓人耽誤
沉淪幽暗山谷

若是願意跟隨識途老馬
就可以到家
問題是　你想家了嗎

怎麼來就怎麼走

也許你選擇提升
也許你選擇墮落
但是　生命
全由你抉擇
一切只能自己負責

提升就是真正的放下
自我超越
　　放得越多
地心引力越小
心靈越來越輕鬆自由

自然找得到　來時的路
「怎麼來　就怎麼走」

健康的你

喜悅　是一個個
　　健康的細胞
奔流在無人的長河
　　流入無止盡的深奧

而它其實簡單得可以
只要放下　你
和你所有的幻相
具備勇氣　猛然醒覺
就可以丟掉一切
虛偽　不健全
還原一個健康的你

惟覺

空　獨　不見美麗詞言
禪　靜　不聞恬謐呼吸
覺知　乃唯一使命
平等尊重　始於自覺
不斷深入無邊的靈覺
自然放鬆不放逸　驀然間
又是一次百合花謝後的新機

善用慧眼

世界是小的
心是廣大的
時間是虛構的
痛苦是幻有的

剝開一層又一層
似真又假的人生
猛然發現
只有「空」顯現

若能用慧眼瞧見
喜悅永駐你心田

對不起的只有自己

沒有人可以被騙
一個人　必須先說服自己
欺騙自己　才去騙人
他必須先對不起自己

不原諒別人　其實
是不原諒自己
讓自己被困在
自己所施放的黑色煙霧裡
掙脫不得　而暴燥不安

不妨試著　放下是非對錯
原諒別人
或許能夠驚奇的發現
受惠的是竟然是自己
才能驚嘆人生微妙的道理

無為

風起了
　　才行動
心中有樂音
　　才振書為文

真實的音聲　是無聲
真實的言說　是無言
真實的存在　是無我
真實的作為　是無為

棋夢人生

棋夢　如人生　翻騰
飛瀑　豈能攪亂赤子心
如今　都成煙雲
輸贏　宛如袖底風
無影無蹤。

人海漂泊　隨緣過活
繁星落盡　一身灑脫
回頭處　誰把話說
明月小樓　悄然走過
如同紙簍中筆墨
終究何求
唯真空妙有
恆常演奏

湖心

漣漪　撥動了　初春的午後
隨著柳條兒窈窕的節奏
搖擺出動靜之間的和諧
刻畫出大自然　霎時即逝的鮮活
就在湖心深處
悄見你的蹤影
我知道　你是不為人所知的
享受著　孤峰與深邃
在空無中交融
就在湖心裡　聽……

師徒情深

問大海　起落誰能主宰
無一迭轉幾許白
問藍天　何時還大地愛
揮別今夜風雨的陰霾
彼此虔誠祝禱　平安永在
烙下幸福永不改

那暮色灰灰的天外
師的愛　依然滿滿乘載
在心靈最深的明台
徒兒的心　依然與師同在
雨朦朧　紛飛的無奈
師徒的淚　撥動弦音澎湃
任時空山川阻礙
師徒之情　深深深　如海

真名

不知自己是誰
勉強喚——無名
無名　是你
無名　也是我
你我皆無名
才是真姓名

放棄一切名
假名如衣服
衣服脫了去
如何稱自己

父母未生之前
請問你真名？

內在的眼

睜開眼
不再沉睡
妳一直是我的寶貝

有了妳
我便不再沉醉於杯中
似真而幻的迷戀和音樂

有了妳再多的色彩
也變得累贅

就讓我
一次次投入
真實的世界
只要睜開那一隻
內在的眼

國家圖書館出版品預行編目資料

菩提心語 2：花雨／一無 著. --初版.--臺中市：白象文化，2017.10

面： 公分.

ISBN 978-986-358-556-5（平裝）

224.513 106015608

菩提心語 2：花雨

作　　者　一　無
校　　對　一　無
專案主編　陳逸儒
出版經紀　徐錦淳、林榮威、吳適意、林孟侃、陳逸儒
設計創意　張禮南、何佳諠
經銷推廣　李莉吟、莊博亞、劉育姍、李如玉
營運管理　張輝潭、林金郎、黃姿虹、黃麗穎、曾千熏
發 行 人　張輝潭
出版發行　白象文化事業有限公司
402台中市南區美村路二段392號
出版、購書專線：（04）2265-2939
傳真：（04）2265-1171
印　　刷　普羅文化股份有限公司
初版一刷　2017 年 10 月
定　　價　280 元